딱, 그만큼만

이경구 시집

세종문화사

한마디

산수유, 개나리, 목련, 진달래
다투듯 피어나
세상을 꽃으로 물들인다

봄이다
크게 외친다
자연은 명작이다

봄 향기로 가득한 세상
벚꽃이 산자락 오솔길을
환하게 비추던 날
봄을 품고 어머니는 가셨다

꽃 등불 따라 밟으며
불러도
뒤돌아보지 않았다
엄마 앞에 이 시집 한 권을 올린다

2025년 5월 초순

차례

제2부 따뜻한 말

제3부 기차가 그리는 수묵화

제4부 봄이 오네요

제5부 꽃의 꿈

〈해설〉

제1부
겨울밤 이야기

비굴한 바퀴

비틀걸음이 끌고 가는 수레
수북이 쌓인 빈 상자 위로
가느다란 노을빛이 쌓인다
신호와 횡단보도를 무시하고
도로를 가로지르는 폭주
노랗게 물들어 떨어진 은행잎이
가끔 수레를 멈춰 세운다

힐끗거리는 도로 녹색 신호등으로 바뀌자
벤츠 아우디 비엠더블유 제네시스
곁눈질하며 급출발한다

경쟁의 질주인가 삶의 경쟁인가
여러 차례 넘어지며 갈고 닦고
힘들게 목을 세웠는데
살 빠진 수레바퀴만 굴러간다

차곡차곡 쌓인 폐지의 무게가
많을수록 다리에 힘이 솟지만
도로에 달라붙는 바퀴의 비굴
산다는 건 높낮이가 없는 것인가

겨울밤 이야기

목련이 푸른 눈물 진하게 뚝- 뚝-
바림에 떨어뜨리며 지고 난 후
무성한 잎이 푸름을 자랑하다가

순백의 고운 자태 뽐내고 바람 타고 떠나간 지금
꽃이 아름다웠다는 것은
밤하늘 별과 목련만 아는 옛이야기

사립문 열린 마당 한쪽
흙덩이 뒤집어쓴 경운기가 졸고
힘들었던 여름을 되새김질하며
곤하게 황소가 잠드는 밤

연시 매단 외로운 감나무
빈 가지 흔들리는 설한풍 맞으며
세상에 나갈 길을 찾는 산골 집

흰 미리칼 날리는 소꿉친구들 모여
빛바랜 봄 사연들을 빈 잔에 채우고
어둠이 모아들어 외치는 소리
빈 가지로 남은 목련의 잠을 깨운다

살며 사랑하며

처마 밑에 한생을 만든다
거꾸로 사는 세상은
한겨울 덕장에 걸린 명태일까
매달려 보는 세상이 아름답기도 할까
서로의 모습에 웃다가 원망도 하다가
이런 사랑도 삶일까

바닥이 우리에겐 하늘이다
아래로 자라며 우리의 꿈은 똑같은 바닥
꽁꽁 얼어서 더 아름다운 삶
한겨울에도 우리에게 추위는 없다
거꾸로 사는 생의 특권

겨울의 아름다움을 찾았다고
떠드는 아이들 앞에서 노래가 만들어지고
메마른 마음을 흔들고
– 고드름 고드름 수정 고드름, 고드름 따다가
발을 엮어서 각시방 봉창에 달아 놓아요 –

네가 가도 나는 남는다
나의 하늘을 보며 산다

그때는

억새 바람결에 일 듯
모진 비바람에도
청춘은 붉기만 하더니

새소리 바람 소리마저
곧기만 하던 나무 둥치
사위듯 힘차지 못함이 지금이다

꽃과 나비처럼
나무와 딱따구리와 함께였던 우리는
몸을 한 마리 새에게 내어주고
운명 같은 인연을 즐기지 않았던가

인생 다함을 핑계로
젖은 갈옷을 갈아입고 지평선에 서 있다

빛의 굴절

토란잎에 물방울이 구른다
떨어질 듯 떨어질 듯
여린 잎에 구르면서 빛을 내고 있다

유난히 영롱한 빛구슬
잎과 물은 서로 배려심이 깊어
꽃 피우지 않고 허공 한쪽
빛의 온기를 받아 공간을 펼친다

꽃보다 더 아름다운 빛의 굴절
잎에 흡수되지 않는 지조
자존의 아름다움으로
바닥을 차며 구른다

햇빛을 모아 주는 토란잎
미끄러짐에 삶을 펼치는 물방울
어울림으로 이뤄 낸 화합의 장

흔들려도 넘어지지 않고
굴러도 떨어지지 않는
인력이 끈에 묶인 우리의 모습이다

봄날의 상념

석양이 곱게 내려앉는 들녘
풀들이 춤추고 꽃망울 터지는 시간
눈치 보던 바람 일렁인다

처절한 몸짓
빛이 기울어 하루를 마감해도
대지는 구석구석 봄기운이 감돈다

생명들이 땅을 밀며 일어서고
석양이 대지를 감싸는 빛 고운 하루의 끄트머리
끝마무리 접고 분홍빛 연서를 쓴다

뜨거웠던 시절
어떤 꿈을 향하는지 모른 채
운명 같은 인연을 만나 서른 살쯤의 삶이 영글었고

날마다 숨 막힐 듯
하루가 가고 또다시 시작하는 끝없는 걸음

빛과 바람에 맞서는 뜨거운 여정이
내 삶의 열매를 만들어 냈으리라

간이역

찬 바람이 멈칫거리는 역

중앙 통로에 개나리 화분 하나
하얀 종이에 '봄'이라고 명찰을 달아 놨다
개나리가 아니고 봄

명찰을 달고 등교했던 일이 간이역에서
오롯이 벌어지고 있다
마음이 헐렁해지는 순간이다
통로 중간에 놓아둔 이정표 하나
따뜻한 겨울바람을 녹이고 있다

레일 위를 달리는 쇳소리만 들리는
역 구내
들고 나는 사람들 한구석에
누군가를 기다리고 있다

달리는 삶 속에
노란 은유가 활짝 피었다

낙화

날리는 꽃잎이 꽃놀이 잘 했냐며
사링 구경 잘 했다고 전하라 하네

꽃비 흩날리듯 가 버리면
정들었던 불꽃 응어리 어찌하냐고
맺은 열매 보지 않겠냐 말하네

차곡차곡 쌓인 그리움 풀지 않고
세모시 옥색 치마 휘날리며
꽃비 내리는 길 떠나간 그대
휘날리는 꽃잎 어깨에 얹어도
손에 한 잎 받아 쥐지 못하는 설움
모른 채 떠나가는가

더는 갈 수 없는 생 무엇을 바랄까
구순의 고개를 넘어가도 꽃이고 싶은
그런 약속을 맺은 꽃길

하얀 얼굴에 떨어진 꽃잎 털지 않고
붉은 입술 내려앉은 어깨 감싸며
꽃잎으로 떠나는 그대

동행

둘레길 157킬로
봄, 여름, 가을, 겨울
서울의 길들이 엮여 있다

얼음장 날씨 녹이며
후끈거리며 걸었던 발 개울물에 담근다

지나온 길에 찍은 발자국
어디쯤 지도 하나 그려
뒤따라온 걸음이 밟았으리라

함께 걷던 사람들 하나둘 보이지 않는데
오늘도 누군가 곁을 떠났다

이제 혼자의 걸음으로
긴 겨울나기를 해야 하는가
빈 가지에 상고대 날카롭다

눈 쌓인 길 위에 고단을 벗어 두고
원점으로 돌아오는 저녁
둘레길의 끝이고 시작점이다

지하철의 말

종로3가역 지하광장에 검버섯을 키우는 사람들
하나둘 모여든다

바쁘게 지나가는 걸음에
동냥하듯 말 걸어 접힌 귀를 열고
구석구석에 돌아다니는 허름한 말 주워 담는다

갈 곳 없는 말들이 모인다
세상 이야기를 주고받아 소통의 언어를 구사한다
혼자 남은 외로운 말들이나 관절이 아픈 말들
들판의 살구꽃까지 눈길 붙들어 맨다

이대로 주저앉아 꽃만 보고 살 수 없을까
환한 꽃그늘 속에 눕는다

고향 하늘이 환하다 허리 구부러진 말들이
외로운 아픔을 달래며
따뜻한 동굴 속으로 들어와 겨울을 난다

장기판에 말 달리며 바둑판 칸 수를 헤아리며
남은 생을 견디고 있다

사랑이 걷는다

봉선사 앞뜰에 빛이 내린다
경건한 마음을 펼쳐
양팔 벌리고 서서히 기를 모아 앞으로 당겨
가슴에 담고 고개 숙인다
믿음이다
대웅전에서 뿜어져 나오는 빛과
하늘과 운악산이 맞닿아
붉은 노을 찬란함이 앞뜰에 노닐다가
두 사람 가슴 속에 연분홍의 바다로 빛난다
고개 숙여 믿음을 찾는 것이
평정을 얻고 하나의 빛으로 태어나는 것일까
훈훈하게 맑아지는 것은 선인들의 자리인 듯
잡인들은 저만치 앉아 있다
비바람 모진 풍파 견디고
뭇 백성들의 염원을 살피다 갈라진 손등
3층 석탑에 가슴을 태운 재로 얼룩졌다
인생의 흥망성쇠가
믿음으로 서로를 의지하는 두 마음
사천왕상도 비켜 앉은 이곳 뜰 앞에 서 있다
천 년을 지켜온 봉선사 광명의 빛으로 가는 길에
서로 이해하고 함께 손잡고 사랑이 걷는다

달맞이꽃

풀잎에 제초제를 뿌리던 것을 멈춘다
밤새 노랗게 피어 활짝 웃고 있는 얼굴
한참 보다가 걸음을 돌렸다

달빛 물들어 웃는 모습을
말라 죽게 할 수는 없다
한낮에 달 꿈 꾸게 하는 달맞이

해는 두둥실 떠오르는데
아직도 꿈꾸는 빙그레 웃는 입술
새벽이 내려 주는 이슬 받아
화사하고 영롱하다

배추밭을 만들기 위해
메뚜기 여치가 노는 풀 더미에
제초제를 만들어 뿌리던 내 모습은
노란 꽃잎에 흔들려 어디로 가고 없다

선함과 잔인함이 자연에 젖어 정화되고 있다
환한 대낮에 찾아오는 저승사자를
달맞이꽃이 웃음으로 돌려세운다

고요를 쌓을 때 빛이다

오전 10시
공원의 시계탑이 따뜻한 시간을 갖는다
아침 운동을 하고 모두 돌아간 시간
고요를 자신의 내실로 쌓으며
존재의 가치를 차곡차곡 빛으로 쌓는 이 시간
혼자 서서 즐긴다

그 여인은 이제 나에게 일상의 이야기를 들려준다
커피 한잔하는 시간이 제일 즐겁다고
나만의 시간이 모두가 출근하고 등교한
하늘에 쏘아 올린 인공위성 바라보며 즐기는 시간이다

흐르는 음악에
걸레질도 하면 어쩌다가
마신 술에 인사불성이 되면
하는 일이 무엇이냐는 소리도 듣지만
서 있는 자체가 삶의 빛
빛을 따라 시간이 흘러가듯
시간 여행으로 떠나간 후 외로움이 짙어질 무렵
새벽이나 저녁이면
주민들은 삶의 꽃을 피운다

고독을 사랑하고
혼자서 살아가는 법을 알아야 한다
이제 아무도 무시하지 못한다

제일 높은 곳에 있다고 하여 외롭지 않을까
스스로 인생을 노래할 때
가장 값진 것이다
고요가 고요를 즐길 때 빛이다

꽃이 꽃으로 피어날 때

점심시간
문화원 노래강습소 시간이 끝나고
회 한 접시 놓은 노인네들
인생은 한 자락 노랫가락이듯 흥겹다

화장을 곱게 한 할머니
검버섯이 번진 할아버지 옆으로 가서
여태 흥이 남아선지
배운 노랫가락에 장단을 맞춰 흥얼거린다

고목이 꽃을 피운다
꽃이 혼자서 꽃으로 피어날 때 어딘가 외롭다
그러나 꽃이 꽃으로 피어날 때
꽃은 아름답다

노을이 창가에 어우러질 때

차창을 스치고 지나가는 한 폭의 산수화
어느 간이역쯤에 오면
노을이 창가에 어우러지려나
추풍령에서 서울로 달리는 무궁화호 열차는
바쁘지 않은 사람들의 모임이다
왠지 모든 사람의 마음도 넉넉할 것 같다

오랜만에 핸드폰을 꺼내 보지 못했던 카톡도
다시 열고 노을 따라 문자도 보내고
오래 못 본 친구에게는 안부를 묻는다

객실 밖으로 나가면
달아났던 풍경이 잊히기 전 다시 가슴에 안긴다
잡으면 도망가고 다시 돌아오는
산과 들과 강들이 들어왔다가 다시 빠져나간다
커피 맛이 유별나다 했을 때
노을이 손등에 슬며시 내려앉는다
열차 유리창에 붉은 울음이 뭉개지고 있다

지금은 잊힌 것들을 생각하는 시간이다
아름다운 것들만 생각하는 시간이다

시간 따라가는 열차

전동차 문이 스르르 열리고
함께 섞이듯
무심히 사람들 속으로 들어갔는데
앉아 있던 새댁
나에게 "앉으세요" 하고 벌떡 일어선다
세월 지나는 모퉁이에서 만난
선생님으로 착각한 것일까
고향 아저씨와 많이 닮아서일까
얼굴 한 모서리가 삭아지고 있다는 것인데
비단결 같은 여인의 배려에
사람들이 나를 쳐다본다
괜찮다고 하며 손사래 쳤다
아직은 양보를 받을 나이가 아니라고
그 자리를 도망치듯 피했다
나이가 들어감이 불편한 것인데
전동차는 계속 시간 따라가고 있다
다음 역에서 내려야 한다

제2부
따뜻한 말

윤이월

일 년 전 벚꽃이 흐드러지게 핀 날이었다

윤달이 들었던 작년
일 년 후 엄마는 지는 벚꽃과 함께 가셨다
같은 날 윤달은 60년 후에나 돌아온다는데
그냥 음력 날 제사를 맞은 오늘

벚꽃은 없지만
형제들과 가족들 모두 만나니
한편 또 후손들은 즐겁다

95세를 일기로 가신 날을 기념하여 추억하고
추모하는 날이지만
남은 후손들은 만나서 즐거운 날이다
어머니 오셨다가 가시는 길이 그러하기를……

올해 입학하는 손녀
저학년에서 고학년으로 올라가는 손자들
용돈을 주니 즐겁다
창가에는 꽃망울들이 몽실몽실 차례를 기다린다

베틀

헛간 한구석에
베틀 조각이 먼지 뒤집어쓰고 쌓여 있다
할머니의 전용 살림 밑천
뽕잎 따다가 밤새우는 누에치기에
토막잠 자고 섶에 고치가 여물면
비단실을 뽑아 나른 후 베틀을 설치하고서
할머니 일과는 명주 짜는 일이 전부였다
짜 맞추기 끝낸 할아버지 담배 연기
방안에 자욱해도 불평 한마디 없이
철커덕 철컥 철커덕 철컥 세월의 수레바퀴 돌렸다
베틀에 묶인 허리로 몇백 리를 걸어야 겨우 한 필
잉아대가 풀리는 날에도 할머니 허리에선
베 짜는 소리로 온 동네 울려 퍼졌다
한 세월 부티에 묶인 허리로 땅 짚고 걸으신 할머니
당신은 비단옷 한 벌 입지 못하고
식구들 옷가지 몇 벌 챙기고
장터에 나가 쌀과 바꿔 오셨다
할머니 가신 뒤 아무렇게나 팽개쳐진 베틀
뼈마디 근질거려 얼마나 힘들었을까
달밤도 아닌데 철거덕 철컥
할머니 뒤꿈치에 놀아나는 소리 먼 산 위로 퍼져 간다

엄마 손

손 호호 불며 책 보따리 둘러메고
겨울바람에도 학교 다녔을 때
엄마 손으로 끓인 시래깃국
매일 먹어도 그때는 질리지 않았습니다
밤새도록 해진 교복과 내복을 깁고
양말도 기우시며 호롱불이 꺼지고
새벽별 나올 때나 쉬시던
어머니의 거친 손
갑자기 손님이 들이닥칠 때
과일과 안주 한 접시 뚝딱 내놓던
마법 같은 그런 손이었습니다
그런 어머니가 되어 버린 우리의 시절
동창회 날 환갑을 지난 친구들이
마음보다 먼저 거칠어진 엄마 손 되어
노래방에 모여 파도를 타듯 마이크 쥐고
추억의 노래 부릅니다
천금 같은 그 손으로 손주들 맞이하고
이젠 조심스럽게 추억을 떠올립니다
먼저 가신 어머니가 들을 수 있게
목청을 높여 모두 엄마 손을 합창합니다

가족 묘원

고구마 콩 심은 밭에
멧돼지 방지용 전기철책 치고 돌아가려는데
산기슭 입구를 막은 고양이

차가 다가오는데도
눈 동그랗게 뜨고 자기 영역이라고
몸으로 떡 버티고 앉아 있다
산길 공터에 주인이 있다는 것을 미처 몰랐다

선조들이 물려준 밭에
짐승들이 함부로 못 들어오게 울타리를 쳐 놓고도
영역을 지키는 주인을 몰라봤다

대대손손 일궈 온 가계
아들 손자 그 아들의 증손자들이
가족 묘원 표지석 깃발처럼 묘지 앞에 세웠는데

묘(墓)를 묘(猫)로 잘못 안 것일까
고양이와 전주 이씨 19대손이
21세기 영역에서 대치한 선에
사람과 짐승의 경계가 뚜렷하다

따뜻한 말

한세월 지나 변해 버린 시골집 처마 밑
아무도 탐내지 않는 구유에
빗물이 마냥 뚝뚝 떨어져
가득가득 담기고 남는 것이 흘러넘치고 있다
버려지는 건 필요 없는 물뿐만은 아니다
저것은 넘치는 정
왜 이리 넉넉한 마음으로 다가올까
누렁이 황소에게
구유에 가득가득 끓인 쇠죽
넘칠 때까지 담아 주던 아버지
여물을 흘러넘칠 때까지 주셨다
여물은 여물 아닌 더 주는 정이었다
말 못 하는 짐승에게 마음의 표정을 담아
여물이 흘러넘치게 주었을 것이다
- 수고했다 많이 먹어 -
- 고맙습니다 -
정으로 말하는 따뜻한 말
한 세월 지난 구유는
한없이 빗물을 받아 정을 쏟아내고 있다

민달팽이

제대하고 복학하니 모든 게 낯설어
방안에서 거북이를 키우고 있다
지방대 문과 전공하고 사회에 나온 선배들
백수가 된 것을 실감한다
기술 습득하여 엔지니어로 퇴직 없이 살아가려고
전공 분야를 바꿨다
취직하지 않고 다시 공부하니 부모님 볼 낯이 없다
지하방에 계약하러 갔다가 장마 때 조마조마하여
좀 더 가까이서 별 보려고 옥탑방을 구했다
인터넷은 소통의 방
사람들과 교우를 트고 세상을 연다
산다는 건 어렵지만
인터넷 개통에 큰 비용이 걱정인데 모두가 공짜란다
쉽게 친해진 오락게임 전기히터의 난방
누워서도 세상은 삶을 주는가
전기요금이 눈덩이처럼 커져 고지서 앞에 쩔쩔매다
새벽에 나의 별을 찾아본다
아무것도 가진 게 없어 초라하여 고개 숙이는데
시멘트 바닥에 민달팽이 한 마리
집 없이 살아가는 내 모습 같아 조심스레 바라본다

갱시기

얼마나 배가 고팠나
점심시간이면 물로 배를 채우고
다른 아이 도시락 넘겨보며 점심을 때우던 때
그래도 배움이 전부라고 배워야 산다고
책보에 몽당연필 달그락달그락
시오리 길 달려 학교 가던 길

점심을 늘려 먹는다고
고구마 서너 개에 먹다 남은 온갖 나물을 집어넣고
마지막 밥 반 그릇에 한 솥 가득 물을 붓고
끓여 먹었던 시절
친구 봉식이는 두 그릇을 먹었는데도
돌아서니 배고팠단다
그래도 그 음식이 웰빙 음식이었던 모양
모두 건강하게 잘 살고 있다
그 무렵, 옆 동네 황 부잣집의 가을 추수 때
볏가리가 집채만 하고
아침저녁으로 흰 쌀밥을 먹는다는 소문이 쫙 돌아
동네 사람들은 그 집 머슴이 마냥 부러웠다
쌀밥을 배불리 먹는 것이 우리의 꿈이었다

50년이 지난 동창 모임
쌀밥의 꿈을 이룬 자들이 모여 뜨거운 정치판 이야기에
갈빗살과 항정살이 타는 줄도 몰랐지만
마지막 먹다가 만 갱시기를 두고
돌아서는 공복의 눈빛들이
단숨에 시절을 건너 한곳으로 달려간다

사랑관리기

이제는 들일이 제법 자리 잡았다

밭을 평탄하게 만들어 골을 타고
씨 뿌려 덮고 비닐멀칭을 할 때도
그녀와 단둘이면 충분하다

힘을 모으면 못 하는 일이 없지만
땅 갈아엎고 힘든 일을 하는 것은
경험 많은 그녀 몫이다

양손을 잡아 주며 방향만 살짝살짝 틀어 주는 난
힘들면 꽤 요란한 심장 터지는 소리를 낸다

허리께 단수를 올려 호흡을 맞춰 가슴께를 흔들면
헉헉거리며 빨리 가고
단수를 내려 주면 엉덩이를 털털털 흔들며
천천히 보조를 맞추어 간다

할 일을 다 한 후 휴식의 쾌감을 느끼고 있을 때
자유분방한 모습

철저한 간격을 두고
필요할 때만 찾아도 섭섭해하지 않는
영원한 사랑이 흙에서 여문다

허망 속 희망

손자 녀석 백일이 돌아온다

아들이 아들을 낳았다
두 발을 허공에 차면서 두 손을 움켜쥐고
힘차게 울며 태어났다

무엇을 해 줘야 할아버지의 위상을 세울까
나 죽은 후에 함께 찍은 사진을 놓고
– 할아버지가 해 준 것이 무엇이야 – 물을 때
– 너를 많이 사랑해 줬단다 – 말하면
무어라고 생각할까

물질만능 시대
인간은 빈손 쥐고 태어나서 빈손으로 가는데
한 편의 시를 읊어 보지만 허전한 맘 달랠 길 없다

기다리는 것은 손자 녀석 백일이다

배려

오늘은 동인 모임에서 먼저
사람들에게 인사하고 일어섰다
먼저 간다는 말꼬리라도 붙잡아 줬으면……

그 사람들은 나를 잡지 않았다

지하철 계단을 뛰어 홈에 들어서니
열차가 들어와 있다
출발하려고 문이 닫히려는 순간
날쌔게 올라탔다

선택의 여지가 없었다
열차 안의 사람들이 일부러 기다려 준 듯
마음이 따뜻해지는데……

그 사람들은 나를 잡지 않았다

함박웃음을 등에 지고
돌아오는 마음이 삼월에 내리는 진눈깨비다

어떤 귀향

회 쳐 놓고 술 오기를 기다리는
술상 위 농어의 아가미가 순간 꿈틀한다
살아서 바다로 가고 싶은 마음일까
어부의 낚싯줄에 걸려 온몸이 저며졌지만
아직 삶을 포기하긴 이른가 보다
끝까지 돈과 행복 두 마리 토끼를 잡겠다고
시골에서 맨손으로 올라온 친구 호식이
인간답게 살겠다는 욕망이 명동 바닥을 어르고
종로 바닥 뒷골목을 누비다가
모란시장 질펀한 시장 바닥을 자리 잡았다더니
회칼 든 청부업자들도 그냥 가는
시장 바닥 고리대금업을 한단다
고향에 벌초하러 온 농어 같은 친구
지금은 안 계신 부모님께
한 맺힌 술 한 잔 올리며
껌벅껌벅 나오지 않는 눈물을 훔친다
눈을 감고 고요한 농어의 싱싱한 살 한 점을
무겁게 집어 올린다

겨울을 배웅하다

겨우내 움츠렸던 잎 진 자리에
남녘 바람 감싼다
담장 넘어와 수런수런 어루만져도
고샅 어귀에 머문 동장군

살구나무 가지에 살가운 바람
꽃망울 통통 터트릴 듯 봉긋봉긋
계절을 바꾸는데 한몫 거든다

목련 진달래 필 때면
달력 한 장 찢고
먼 길 간 친구가 생각나
훈풍에 고개 들어 보니 기척이 없다

꽃은 때맞춰 피어나고
새소리 흥겨운 산골
겨울을 배웅할 자세로 선 언덕에
옷깃 여미게 하는 바람이 분다

이대로 살고 싶네

일손이 잡히지 않는다
작물을 심으려고
시골에 내려왔다

밭에 퇴비를 내고
땅을 뒤엎어 골을 타고
씌우는 비닐멀칭

게으른 눈과 몸
흥겨움이 뒤엉켜 있다
다른 것 생각할 겨를이 없는데

땀 흘려 흙 적시는 일
땅만 보고 놀려야 할 손을
개나리 진달래 목련 어루만지다
봄꽃 아래 게으른 잠 든다

서운한 달

누군가 달의 거리를 쟀을 때
2월의 시간을 뺐을까
28일뿐
365일을 맞추기 위해 하루를 빼고
4년에 한 번씩 윤달을 둬 28일로 했다니
섭섭한 이월이다
봄이 온다는 입춘이 있고
얼었던 대동강 물 풀린다는
우수가 따리 튼 2월
액운을 띄워 보내는 대보름이 끼어 있다
한겨울과 봄의 시작을 알리는 달
가운데 앉아서 겨울이 끝나고
삼월로 가는 살얼음을 밟고
징검다리 건너가면 봄이 있는 달
바로 3월로 가면 안 되는 달이다
겨울 방학 끝나고 시험도 끝나고
새 학년을 준비하기 위해 가는 달
아무리 조정을 잘해도
4년에 한 번 돌아오는 생일을
깜박 잊는 사람도 있어
놓쳐 버리면 서운한 달이다

피맛골

폭염이 기세등등한 오후 한 시
익선동 골목골목을 헤매며
전통찻집을 찾는다

마주치는 젊은이들
까만 눈동자 반짝이며 당당히 돌아다닌다
더위와 싸워 이긴 개선장군이다

땀이 줄줄 흘러내린다
샅바를 힘껏 잡아당겨도
좀처럼 끌려오지 않는 천하장사 복더위
이길 수가 없다

뒷골목은 소리 없는 전쟁터
손님을 유혹하여 끌어들이고
지갑을 가볍게 한다

세일 딱지를 붙여 걸음 붙들고
맛있는 냄새로 돌아서게 하는
먹거리의 진열장

못 본 척 걷다가 돌아보면
목덜미를 잡아채는 맛의 유혹
당상관들도 이겨 내지 못한다

커피집이 소란하다
젊은이들이
더위와 싸워가며 잔치를 벌이고 있다

바닥에서

운무가 감악산 허리를 휘감고 돈다

비 머금은 허공 아래
끝이 보이지 않는 알 수 없는 바닥
IMF 시절 회사 문 닫던 때
끝없는 구렁텅이 속을 헤쳐 나온 그때처럼
바닥은 보이지 않는다

육이오에 태어난 친구들
각자 둘러메고 온 음식을
낙엽이 깔린 바닥에 하나둘 펼친다
어느 친구가 가지고 온
김장김치는 더 없이 입맛을 당기고
시원한 뭇국은 속이 확 풀려 꿀맛이다

그 옛날 피난 시절도 이런 것이 아니었을까
운무가 온몸을 휘감는
한 치 앞을 볼 수 없는 산속에서
어디서 나타날지 모르는 적군을 염두에 둔 듯
폐허에서 경제를 세운 나라의 힘을 생각하며
반찬을 바닥에 놓고 서서 먹는 맛은 별미나

아직은 바닥을 엉금엉금 기는
손자의 재롱 맛에 살아도
언젠가는 일어설 손자의 튼튼한 무릎이기를

자세를 낮추고 재빠르게 산에서 내려온다

요런, 요놈이 또

밭에서 종일 일하고 들어와
먹이 주는 나에게
잽싸게 달려든 세 살배기 재롱이가
꼬리를 치며 손을 핥는다

먹이는 안중에도 없고
혼자서 마냥 기다렸다는 듯 뛰어오르고
너무 그리웠다며
내 반경을 벗어나지 않았다

3년 동안 감나무 밑에 줄 하나로
한자리만 지키며 살아온 삶이다
그래서인지 들에 갔다 온 나에게 달려들어
손을 핥고 얼굴을 비빈다
암, 사랑이 그리울 만도 하지

종일 비지땀 훔치며 숨을 몰아쉬고
혼자 일한 내 뒤편에
한 사람
그리움으로 도사리고 있는지도 모른다

제3부
기차가 그리는 수묵화

기차가 그리는 수묵화

눈꽃 세상을 보기 위해
완행열차에 올랐다
완벽히 다른 차창 왼쪽과 오른쪽

태양은 하얀 세상 구석구석 비춰
모든 것이 살아갈 숨결을 주고
오른쪽은 왼쪽을 따라가고 있다

열차는 그 중간의 세상을 달려
나는 세상의 중간에 앉아
미끄러지듯
왼쪽과 오른쪽을 조율하는 조련사

기차가 산허리를 감아 돌자
왼쪽과 오른쪽이 바뀌고
보이지 않던 오른쪽이 백지를 깔았다
한 폭의 수묵화 저것이 신의 솜씨다

우리들의 중앙을 기차가 달린다
아무런 도구도 없이 열차에 조용히 앉아
그림을 그린다

철교 타고 넘은 세월

큰비에도 건너다니던 철길
님칠 것 같지 않던 철교가 홍수에 넘쳤다

웃으며 건너가던 철길
억수 비에 물길이 넘어 버렸다
경부선 열차가 통행을 못 하고
세상이 정지했다
모든 것이 침묵했다

투쟁의 삶에 무엇이든 변하지만
기후의 변화는 예측불허 아무도 막지 못한다

새벽잠 설치고 나와
철교가 넘치는 것을 바라보니
어릴 때부터 한 번도 보지 못한
장대한 물결에 어안이 벙벙

이제는 안전지대가 없다
바위산 아래 동네도 산사태를 걱정하고
변하지 않는 것은 아무것도 없다
하늘은 변함이 없는데

딱, 그만큼만

능소화가 한철 장식하고
갈색으로 물든 담장 밑에
햇빛 아래 고양이가 나를 보고
귀찮다는 듯 슬슬 피한다
얄미워서 계속 다가가자 담장을 훌쩍 뛰어올라서
안 보는 척하면서 유심히 동태를 살핀다
앞으로 한 발 더 다가가면
건너편으로 뛰어내릴 판이다
약 올리는 곡예사 같다
더 이상 가지 않으면 그놈도 정지하고
돌아서면 바닥에 사뿐히 내려서서
다시 햇볕 좋은 담장 밑으로 온다
거리를 정확하게 지킨다
그럴 때는 어김없이 가을볕이 좋을 때이다
더 가지도 덜 가지도 않고
몸통을 둥글게 말고 동작은 굼뜬 것 같아도
눈은 초롱초롱하게 빛났다
1년여 동안이면 경계를 풀어 줄 만도 한데
꼭 그만큼 거리를 지킨다
담장을 경계로 삼아 경계의 막을 치고
그만큼만, 더도 말고 딱 그만큼이 삶의 간격이다

10월의 마지막 날

지난밤 폭풍우가
플라타너스 붉은 잎들을 떨어뜨려
바람이 쓸고 갔다

여름을 지난 붉은 단풍잎들은
뜨겁게 혼신을 다하여
이 세상을 후회 없이 살았겠지
최선을 다하고 가는 것들은
마지막으로 내는 울음마저 아름답다

지난밤 천둥번개 속에
어머니께 두 번째 전화했다
천둥번개가 지나간 오늘은
다시 바람이 자고 평안하다고 하신다

시월의 마지막 날
간밤에 우수수 떨어진 낙엽을 태우는
검은 옷의 청소부 앞에서
지상에서 한세상 살던 것들이
메케한 연기로 승천한다

바지랑대 높이 세우고

햇살 맑은 날
바지랑대 높이 세우고
겨우내 덮었던 이불 속
올올이 자리 잡고 박혀 있는 흔적을
바람에 날린다

바지랑대 높이 세우니
네 목소리가 들리는 듯
햇살이 허공 길을 환하게 긋고
바람은 나에게 추억을 한아름 전달한다

그 봄 벤치 위로
벚꽃 우수수 떨어지던 밤
낭창낭창 흔들리는 빨랫줄에
겨우내 텅 빈 나를 내건다

바람에 날리는 해묵은 추억들이
날아가고 또
빈자리를 꽃잎이 채운다

힐링의 맛

연재 무협 소설을 읽는다
변화 없는 삶을 살다가 피곤하면
무협지로 들어가
공중을 날아다니고 산을 쪼개며
정의 구현을 위한 협사가 되어
현실의 나를 잊는다
다음 회가 궁금하여 조급해져도
하루에 딱 한 회만 읽는다
등장인물의 생사가 궁금해도
다음 회는 다음 날 본다
주인공의 활약이 궁금해도
하루를 열어 본다는 일념으로 산다
읽다가 행간을 놓쳐 엉뚱한 길로 빠져도
길을 버리지 않고 기억을 두드리며
빠져나올 때가 삶의 소득이다
2회 3회 연속 궁금증을 해소하고 나면
당장은 시원해도
미지의 길 찾아가는 맛을 느낄 수 없다
모르는 길을 헤쳐 가며 계획하는 일
그것이 진정한 삶의 맛이다

때가 되면

산골 식당 밖은
단풍이 아우성치며 바닥으로 뒹군다
흙으로 돌아가고 있다

점심 먹은 여자가
수저를 놓자마자 곧바로 일어나며
아이 점심을 챙겨 줘야 한다며 일어선다

함께 자리한 일행에게 미안함 없이
환하게 빛나는 표정은
최선을 다하는 어미의 모습이다

노랗게 빛나는 퇴역한 장군의 무덤
수집가는 힘들게 단풍을 골라 모으고
낙엽들은 열심히 가을을 노래한다

이게 길이야, 이것이 길이야 하면서
시간 맞춰 아이를 챙기는 어미도
때가 되어 떨어지는 단풍도 자연스럽다

무궁화호 열차에서

화장실을 다녀오는지
기역으로 허리 꺾인 팔순 할머니
반 자동문을 열고 들어오다가
열린 문을 돌아보고는 웃고만 있다

가서 닫을까 아니면 그냥 갈까
발을 떼지 못하고 계속 쳐다만 본다
닫힌 것을 확인하고 자리로 돌아가려는데
좀처럼 닫히지 않는 문 닫힐 때까지 쳐다본다

다른 사람이 들어오는 것을 보고서야
안심인 듯 미소를 머금고 돌아서 간다

자신이 연 문은 자기가 닫고 가려는
깔끔하게 살아오신 할머니 성정이 그대로 보이는데

"할머니 어디 가세요"
"서울 막내딸 집에 외손자 백일잔치 먹으러 간다오"
열 남매 혼자 손으로 키우셨다는 할머니
늙음으로 삶을 가르치고
세상의 등불을 밝힌다

새벽 강

새벽을 일깨우는 중랑천 샛강
청둥오리 가족에게 가슴을 내주고
여유롭게 흘러 도심을 감싼다

지난여름 폭염에도 건재한 갈대숲
운동하는 사람들 반기고 있다

물길은 조곤조곤 이슬 젖는 발길에
참새 떼 후두두 날아오르고
아침의 따뜻한 빛이
아프고 시린 가슴을 품는다

성급한 걸음으로 빌딩 사이 헤쳐 갈 때
여유의 넓이를 내주는 중랑천은
삶의 활력소

지치고 낙심할 때
더 억세고 날렵한 기둥으로
나를 받쳐 주는 근력
물 흐르는 소리가 정겹다

겨울 아침

오랜만에 찾아온 폭설이
산속 외딴집을 하얗게 덮었다
굴뚝이 흰 연기를 뿜으며
아침이 온 것을 알린다

까치 한 마리 찾아들지 않은 산속
산 짐승들도 아직
잠에서 깨지 않았는지
하얀 풍경이 그대로 고요하다

폭설 덮인 오두막집에
오랜만에 찾아온 손님에게 미안한 듯
개울물도 옷깃 꼭꼭 여미며 숨죽여 흐르고
나무도 소리 내지 않으려고
가지와 가지가 서로 엉켜 꽉 잡았다

겨울의 외딴집은
낙엽 쌓인 오솔길도 모두 덮은 미지의 땅
눈 속의 개울물이 소곤소곤 흐르며
아침을 따뜻하게 데운다

첫눈 오는 밤

창밖에 눈 내리는 밤엔
마음도 문득 맑아지겠다
누군가 들을까 봐
귓속으로 혼자서 눈 내리는 소리 듣는다

무언이 쌓여 가는 긴 겨울
정처 없이 도시 빌딩 숲을 거닐고 헤매다가
밤늦게 돌아와 아랫목에 앉아 듣는
저 적막한 소리
올라온 길 뒤돌아보며
함께 오지 않는 사람에게로 데려다준다

흰 눈이 차곡차곡 내리면
가슴을 움켜쥐며 힘껏 당겼던 미움도
오지 않는 소식을 기다리는 그 마음밭에도

소복소복 낮은 한숨으로
아무도 밟지 않은 순수의 새벽길 위에
모든 것을 덮어 버리듯
소리 없이 첫눈이 내린다

강가에 서서

강가에 미루나무 두 그루 조용히 서 있다
강을 중심으로 양쪽
서로를 쳐다보며 함께 삶을 살아가고 있다

흐르는 물도
강 중심에 들어서면
미루나무 두 그루의 꿋꿋함에
숨은 사랑을 알고
침묵하며 빙그르르 물안개 피우나 보다
저것이 미루나무의 사랑인가

흔들림 없이 살포시
서로 쳐다보며 눈짓만으로
마음을 읽을 줄 아는 지 순고함이어

천년만년 오롯이
언제라도 변치 않는 강 언덕에 머물며
뿌리 뻗어 닿고 싶어
노을 짙은 그리움 안고 산다

풍경 속으로

구미역을 출발하는 부산행 특급열차
건너편에 앉은 여인의 전화 목소리
"이제 한 정거장이면 도착해요 여보"
따뜻한 목소리가 넘쳐
열차 속 고요를 깨운다

앞에 앉은 노신사도
옆의 할머니를 쳐다보며
부치던 부채를 꼭 잡고
뒤에 앉은 중년 남자는
모든 것을 알았다는 듯 명상에 잠겨 있고

건너편 개구쟁이 엄마 품을 파고들며
매일 보는 얼굴을 빤히 확인하는 사이
동대구역에 도착한 열차

플랫폼 이정표 흔들며
또각또각 하이힐 걸음이
한 남자를 향해 힘차게 다가가고
머뭇머뭇 열차는 출발한다

부산역에 마중 나올 사람 그리며
유리창 밖에 어른거리는 내 얼굴
스쳐 지나가는 풍경 속으로
빙그레 미소를 던진다

설화(雪花)

눈은 소복이 쌓이며 빛의 세상을 열고

사랑이
한겨울을 건너고 있다

속울음 운다

나는 다만 시리고 아픈데

당신은 꽃이라고 말한다

쥐불놀이

정월 보름 쥐불놀이를 한다
알곡은 걷어 가고 남은 옥수숫대
껍데기와 잡풀들 밑불로 삼고
들쥐며 해충들 없애려고 밭둑을 태운다

아들에게 사위에게 친구에게도
한 보따리씩 싸 준 찰옥수수

누군가를 위해 삼복더위에
폭염과 사투하며
까마귀의 공습도 막아낸 알곡들
모두 다 주고 난 껍데기가 넉넉하다

해(年)가 지기 선
흔적만 남은 껍데기를 태운다

두고 간 아이들의 웃음이 뜨겁다

추령저수지

아직 속을 모르겠다

밑밥을 힘껏 던져 봐도 잠시 흔들릴 뿐
물의 중심은 조용하다

쓰레기가 몰려오고 죽은 물고기가 쌓이고
물이 혼탁해져
삶의 진화 과정이라고 생각한다

자욱한 안개가 걷히고
물의 중심이 열리며
손님을 맞는 그녀의 하루가 시작된다

태양광 발전시설 사이로
빛의 눈을 빌려
낚시꾼이 얼마나 왔으며
깊게 뻗은 고목이며 수초들은 밤새 이상 없는지,
오늘은 물속으로 대책 없이 뛰어든 철부지는 없는지
구석구석 물결의 초병을 세워 순찰한다

검고 탁한 심장 속에
어쩌다가 재미로 돌을 던지면
즉시 파동을 일으키며
- 당신들 죽을래! -
염장을 질러 놓고 뒷감당을 어떻게 하려고 해
몸서리를 치다가도 이내 조용해진다
무언가 있는 물속

누가 사는 걸까
도통 알 수 없다
저 검은 물속 세상을

골목에서

길양이가 웅크리고 있는
눈썹 세운 골목은 온풍이 분다

생명은 의리로 뭉쳐
서로의 영역을 보듬는다

매일 반복되는 일상에서
일탈하고 싶었겠지만

다른 길로 가는 것은
목숨을 건 도박이다

높은 시멘트벽 무풍지대
가장 무서운 적은 동료

깊은 밤에는 밤하늘 보며
별을 찾다가

이슬 젖은 털 불빛에 빗질하고
온몸을 흔들며 핥는다

제4부
봄이 오네요

봄이 오네요

카톡 카톡 카톡
사연들이 카톡방에 쌓이는 밤
아침에 일어나니 핸드폰이 묵직하다

봄이 기다려지는 아침
오늘도 순탄한 하루 되시고
늘 건강을 기원합니다

봄이 오는 길목 감기 조심하시고
추위를 뚫고 나오는 새싹처럼
봄의 기운으로 힘차게 하루를 출발하소서

옷깃을 파고드는 바람 따라
버들강아지 실눈 뜨고 실개천 졸졸
잔설 녹아내리는 소리
오솔길 따라 봄이 오네요
오늘도 행복하세요

봄이 도착했어요, 카톡 카톡 카톡
봄은 카톡으로 먼저 온다

우수

겨울나무와 마른 풀이
어우러진 북한산 계곡
얼음이 녹아 졸졸 흐른다

바위를 타고 흐르는
얼음장 물에 발 담가
머리끝까지 치솟는 섬뜩함을 맛보고

돌이끼 사이 뿌리를 뻗은 진달래
가느다랗게 뜬 눈으로
물방울 적시며 탱탱한 모습에 반한다

까마귀 울어대는 골짝
물끼치와 어울린 산까치가
제 소리에 맞춰 흥겹고

밤새 내린 봄비에 불어난 물살
바위에 부딪혀 분주한데
꽃망울 터트린 개나리 봄맞이에 바쁜
둘레길 돌계단을 오른다

감꽃이 피었다

푸른 5월의 장미 속
감꽃 핀 아침 중랑천 둑을 걷다가
빗속에서 한참 서 있다가
시골 고향 뒤란의 장독대를 보았다
언제나 변함없는 늙은 감나무가 푸른 잎을 펼치고
할아버지 장작 패며 손자를 반기며 서 있다
비가 오는 한나절쯤에는
빗방울 떨어지는 소리가 감나무를 감고 잎에 굴러
꽃에 떨어지는 것을 보며 이제 혼자 서 있다
푸름이 밀물처럼 깔리고
빗소리가 졸음처럼 아득하게 다가오면
한 마리 작은 새가 되어 넓은 창공을 난다
꽃 지고 파랗던 작은 열매가
폭풍우 번개에 놀라고 폭염에 찌들어 떨어지고
여름 지나 햇살 가득한 가을에 붉은 홍시로 수놓으면
들판이 을씨년스럽다고 말들이 들릴 때쯤
지붕 위에 함박눈이 소리 없이 내리겠지

중랑천 그 겨울

강의 중심이 쩍 갈라진다
지난여름 장맛비가 오장육부 다 쓸어간 듯
맨살 드러낸 하얀 모래톱 그 많던 강물 다 어디로 가고
허기진 뱃가죽 말라 가는가
북풍이 불 때면 서걱대며 적막을 노래하는 갈대 사이로
청둥오리 떼 지어 모래톱 위에 발자국 남기며
강의 외로움을 즐긴다
하얀 모래톱은 누구나 받아 주며 가슴을 열었다
오리들이 주름진 바닥을 주둥이로 긁으며
모래에 박혀 있는 깡통을 외면하고 지나간다
곁을 지나가는 누구도 관심 없다
헤어짐은 자연의 이치이다
다시 만남이 인생이라면 또다시 찾아가 반기는
만남의 정보다 더한 아름다움이 있을까
춘천행 열차가 밤 손님을 태우고
교각 위를 꼬리 흔들고 간다
인연이 중요하다는 것을 이제야 알겠다
강에 계절이 깊어 홍수가 지면
인연을 맺은 것들
흘러가 어디에서 무엇이 되어 다시 만날까
바람에 물어본다

첫 손님

새벽은 대지의 첫 손님
누군가의 선잠을 깨울까 조심스럽습니다

아침 마당을 둘러보니
풀과 나무들이 아직 깨어나지 않았습니다

숨결만 솟아나는 땅에 세상을 여는 새벽이
서서히 빛을 뿜어내고 있습니다

깨끗함이 빛으로 아름다울 때
꽃과 나무 풀이 깨어나 꿈을 되새김질합니다

산골에 찬 공기도 열리는 아침을 맞이하고
서서히 하루가 밝아 옵니다

잠들어 있던 모든 만물들이 깨어나는 시간
새들의 숨소리마저 거칠어지네요

매사에 충실한 초목들이 앞다퉈
활짝 피어날 꽃에 자리를 내줄 것입니다

포도밭 아이들

푸른 잎이 펼쳐진 포도밭
고사리손으로 포도송이를 만지는 아이들
흑진주처럼 까맣게 달린 포도알
하나하나에 눈 맞춘다

농부들이 애지중지 키운 넝쿨마다
빛을 내는 검은 보석 알들
만지며 비틀고 당기는데
넝쿨손을 놓지 않는다

포도나무는 아이들의 어리광 받으며
바람에 한들한들 웃고 있다

당기면 무너지고 훑어대면 상하고
꺾어서도 안 되는 보석 넝쿨 휘어질 듯하면서도
가위질하기 전에는 끊어지지 않는다

햇빛 무아 검게 빛나는 포도는
움켜쥔 넝쿨 놓지 않는데
성급한 아이들은 신기한 듯
연신 포도송이와 가을을 부른다

창경궁의 오후

고궁의 오후가 엄숙하다

누군가 잠에서 깰까
수북하게 쌓여 있는 낙엽을 조심스레 밟는 돌담길
고목의 짙은 향기 따라가다 보면
빈집에 찾아온 고요를 깨우는 불청객이다

지난 세월을 이고 선 소나무며 단풍나무 가지들
기와 단청을 배경으로
붉은 잎들은 더욱 빛을 뿜고
푸른 잎은 고요 속에 더 푸르다

숲속을 뛰어다니며
주섬주섬 겨울의 양식을 챙기고 있는 다람쥐도
조급한 객의 발소리에
도토리 한 알 물고 굴속으로 달음질친다
비망록(備忘錄)에
'침입자 출현'이라고 적는다

겨울 오면 춘당지의 물빛이
더 짙어지려나
늦가을이 푸르다 못해 붉은빛을 내며
한때의 번창과 영화를 품고 있다
하늘 높은 기와와 고목의 울창한 숲이 그렇다
부엉이 소리가 깊숙이 숲을 잠재우고 있다

초강천의 하루

서로 모르는 물이 만났다
1,500미터 백화산에서 흘러온 물과
상촌의 온화한 들판을 가로지른 물이
두 손을 잡고 팔짱을 끼면서
당기듯 밀 듯 기대어
힘차게 바위 사이로 흐른다
사랑의 감정을 삭이며
베옷에 감물 묻어나는 듯
아름다운 꽃무늬다
살그머니 온몸을 휘감는다
한천정사에 취해 발밑을 보니
두 물줄기가 만나
서로 어깨를 감싸고 흐른다
월류봉 둘레길 좁은 길을 걷는
젊은 여인과 어린 아들의 모습이
초강천의 하루를 연다

상강

자라섬 푸른 잎들이 짙어 가고 있다

개천의 물소리 짜글짜글
피라미들 돌 틈에서 나올 줄 모른다
소슬바람이 갈대의 허리를 흔들어 가고
휘어진 갈대가 한참을 그냥 누워 있다

일으켜 줄 수 없을까 한참을 쳐다봤다
그대로가 좋을 것 같아 돌아섰다
늦게 핀 국화가 짙게 주변을 유혹한다
벌 나비들은 온통 노란 꽃술에 파묻혀서
마지막이라는 듯 헤어날 줄을 모른다

달콤한 맛에 취한 벌들을 보고
비우는 것이 채우는 것이라는 생각이 났다
가을밤의 축제 현수막이 눈길을 끈다
섬 곳곳 쓰레기가 산을 이루었다

곧 서리가 내릴 것이다
저 한 폭의 수채화 위에

선자령

백두대간 선자령
겨울 산행은 꽃 잔치다

눈으로 뒤덮인 정상
덕유산에 눈꽃 터널이 있다면
소백산 정상 눈밭은
아기자기한 생명의 맛
겨울 산행의 별미다

정상 고지가 1,000미터가 넘지만
가지마다 눈발이 사슴뿔처럼
위용을 자랑하는 덕유산
끝없는 눈밭의 광활한 소백산

사슴들이 눈을 뒤집어쓰고 눈밭을 뛰어다니고
꿈의 세계로 안내한다
가지마다 맺혀 꽃이 핀
죽은 나무에 생명을 불어넣는 선자령

봄은 아직 멀었는데
온 산이 흰 꽃이 만개했다

묵호 바닷가에서

바다는 조용하게 수평선을 만들고
파도는 밤새도록 달려와
묵호 바닷가에 연신 온몸 부딪치며 소리친다

달은 바다와 하늘의 경계에 떠서
등대처럼 길을 내고
할 말이 있어도
몸으로 말해야 하는 것을 보여 준다

자꾸 잠을 깨우는
살 부딪치는 소리에
꿀꺽 달빛을 삼킨 바다

그리웠던 것들을 무디기로 피워 내고 있다
철썩 처얼-썩
까막바위에 검은 울음을 토해 낸다

공룡을 딛다

한계령 삼거리를 통과 5시간여 만에
대청봉 삼거리에 도착했다
용아장성과 공룡능선을 휘감아 도는 운무가
바위를 감싸며 하늘로 오르고
5.1킬로 공룡의 1,275봉
큰 자태를 서서히 드러낸다
깎아지른 바위와 바위들이 절벽과 계곡을
공룡의 등뼈로 만들어 놓고
꿈틀꿈틀 걸음을 흔든다
빚은 듯 저며 놓은 듯 단애와 단절의 시간
절단의 마음이 구름을 탄다
완만한 능선 길을 따라 걸으며
천불동계곡의 숨 가쁜 호흡을 듣는다
능선 너머 보이는 소공원 위 울산바위가
동네 뒷산처럼 보이는 봉우리
권금성의 등허리를 감싸고 도는 새털구름이
당겨 주고 밀어 주고 용기를 심어 주며
자신감을 잉태한 설악의 공룡능선
바위 자락에 추억 하나 새기고
다시 돌아와 설악 완등의 역사에
내 이름 올릴 도전의 결심을 해 본다

타지마할

많은 목숨이 당신 이름으로 빛난다고
코웃음 치며 누워 있는가

2만여 명의 인부들이 동원되고
자이푸르에서 운반되어 번쩍이는
대리석 기둥에 수놓아진 사랑의 징표
지금도 그대도 변하지 않았는가
뒤에는 아무르강이 흘러 감싸고
앞에는 사암의 문을 들어오며
옷깃 여미는 사람들
구천을 헤매는 원혼의 통곡 소리
정글 뒤덮어 나무들도 따라 우는데
거대하고 수려한 곡선
별빛에 달빛에 햇빛에 반짝이는
휘황찬란한 비단돌 속에서 잠자고 있는가
권력자의 허무한 사랑의 징표
2만여 명의 손목을 잘라 바쳤는데
사치한, 그 지독한 사랑의 불꽃이
아직 타오르고 있는 타지마할
꺼진 불꽃으로 일으킨 사랑의 전설
돌덩이에 눌려 신음하는구나

규칙 없는 규칙을 보며

바라나시
갠지스강으로 가는 길은 아비규환이다
왕복 6차선 도로가 차량과 사람으로 가득하다
택시와 버스가 지그재그 곡예를 하는 사이
릭샤가 그 사이를 비집고 들락거리며
오토바이가 날렵하게 지나간다
빵바-빵 경적은 귀청을 찢고
먼지와 냄새는 앙다문 입술 사이로
비집고 콧속을 파고든다
먼저 공간을 침투하는 자가 우선이다
신호등 횡단보도 하나 없고
제한속도 표지판이 없는
중앙분리대는 허리가 잘록 부러진 채
허름하게 놓여 있다
돌아가는 길 정지하는 선
차선이 없어도 차를 세우고
삿대질 한번 하는 사람 없다
먼저 가는 사람도 뒤에 처진 사람도
서로서로 양보하면서
클랙슨 소리에도 눈빛들은 형형하게 살아 있다
먼지는 함께 살자고 딤버드는네

함께 산다는 게 이렇듯
보이지 않는 벽을 터놓고 사는 것일까
마스크를 하고 가는 사람들은 관광객뿐이다
혼잡한 세상이 인간 본래의 세계인 것일까
인간이 만물과 하나 되어 자연으로 돌아가는 순간
릭샤에 타고 앉아
규칙이 없는 세상 속의 규칙을 보며
얼굴만 붉으락푸르락해진다

검은 비에 젖다

몸서리치는 아프리카 열대의 창문
가을비 젖는 테라스 앞 광장
기둥을 돌며
토인들이 자존심을 건 전투의 모습을 연주한다

마음의 열기 속에 그려진
밀림의 영혼을 부르는 뜨거운 화음이 요동친다

오랫동안 흰빛을 향해 자존심 세우며
떠도는 영혼을 찾는 이름들
부서지고 깨진 선조들의 열꽃 무늬들

깊어지는 밤길 따라 훌훌 흩어지는 밤을
풍토병으로 앓고 있는 꽃잎들
경계에 서면 모두가 불안하다

피부와 멀어진 땅을 넘는 캄캄한 밤이 환하다
부드럽고 맑은 리듬
발돋움 경쾌한 투명으로
검은 살결에서 진주의 광채 빛난다

제5부
꽃의 꿈

능소화의 꿈

기적이 맴도는 경춘선
철로가 만든 꽃길 이어진 곳
능소화 마른 줄기가 추위를 버티며
담벼락에 기대어 봄을 기다린다

길 따라 피어날 꽃을 꿈꾸며
포장된 철길마다 사람들의 입김이 피고
자전거 탄 젊은이들 킥보드 타는 아이들
추위를 이기는 젊음이 뜨겁다

어지러운 세상 철길을 타고
중심을 잡는 피 끓는 청춘의 행진
골짜기를 메꿔 정상으로 내달린다

정지한 전동차에서 마른 줄기를 잡고
내리는 노인들 힘찬 걸음
산책하던 강아지들이 볼일을 보며
담벼락에 알리는 봄소식에
정겨운 노래 울려 퍼진다

영하의 날씨에 춥고 힘들어도
추위를 즐기며 기다리는 봄
함께 간다는 것은 불편을 참는 것인가
봄을 위한 색깔 펼치며
자신만의 꽃을 피우고 달린다

늦은 꽃

늦가을 한강공원에 피어난
장미 한 송이
초라하다
늦게 핀 꽃의 색이
아직 덜 붉어 미완성이다

피고 보니
아름다운 오월의 봄기운은 꿈이고
쓸쓸하고 으스스한 가을이었으리라

아침부터 내리는 가을비
잎미디 파고드는 한기
몸을 움츠린다
제철에 피어
계절의 여왕 소리 들어야 하는데
외톨이가 되어
가을비를 맞고 혼자 서 있는 저 꽃

다시 태어나고 싶었을까
내 몸에 서풍이 분다

홍매

메마른 가지마다
이끌려 나온 마음이 수줍게 웃는다

삼라만상에 초대장 없이도
어깨 겨루고 앉은 살가운
네 모습

아직은 봄이라 할 수 없는
쌀쌀한 아침
뾰족이 내밀어 수줍어 더욱 아름다운 네 입술
오래된 내 입맞춤 생각하고 혼자 웃는다

지난해 꽃망울 터트리다 시샘하던
꽃샘추위 힘쓸고 간 자리
속마음 남은 말 터뜨리지도 못하고 헤어진 날
그날도 슬픔이 꽃말처럼 붉었다

나올 듯 말 듯
겨울을 이긴 눈망울이
잃어버린 계절을 재촉한다

호박의 시간

장대비가 내린다
한적한 뒤뜰
단풍나무 가지를 감아 돌아간
호박 덩굴 한 계절이
할퀴고 떠난 흔적으로 쓰리고 아프다

지난겨울 말라 버린
고욤나무 검은 몸통에도
축축하게 빗물이 배어들었다

허공에 추상으로 걸려 있는
누런 호박 덩이 하나
달빛에 외로움을 기댄다

누군가 앉았다 떠난 마지막 자리
가지마다 상처가 깊어 아픔으로 담긴 흔적

모든 게 쓸려 간 텃밭에
슬프고도 포근하게 내리는 빗물
안으로부터 더욱더 노랗게 익어 가는
호박의 시간이다

송홧가루

봄바람 앉았다가 간 산 중턱
소나무 노란 꽃가루
차량 위에 빌딩 유리창
행인들의 머리 위에도 달라붙어
몸을 포개고 있다
미끄러진 사랑이
가슴속 빈틈으로 찾아들어 올 때나
거부하는 마음속에 바람이 불 때마다
노랗고 끈적끈적한 가루
찾아가고 찾아오는 합류
서로의 자존심을 버리고
자신을 진정으로 내어놓는
마지막 열정
겹겹이 쌓여 다시 시작된
노란 사랑꽃

배추의 고뇌

죽느냐 사느냐 열정의 투지로
밭의 숨결은 아침마다 새롭다
햇빛 한 줌 바람 한 줄기 샐까
지난밤 왔다 간 고라니 발자국 따라
고랑을 밟는다

어린 모종은 모든 시간을 품고
새벽이슬을 받아먹으며
작고 힘이 없어도 자족한다

세상의 모든 기운을 받아
제 생명을 키우는 배추는
죽음의 운명이 닥쳐올 슬픔에도
오직 담담하게 별을 맞이할 뿐이다

땅의 생명 줄에 심어진 뒤
잘 자라라는 말 한마디 듣지 못한 채
고라니 먹이로 사라질 뻔했던 배추

캄캄한 외나무다리를 건너온
푸른 잎과 노란 속잎이
소금에 절여지는 것을 떠올리며
숨죽인 저녁을 보낸다

절여진다는 것은 숨죽이며 사는 것
수십 년간 김치를 담그며
너와 나의 마음을 소금에 절여
쿡쿡 항아리에 담는 김장

끓어오를 때의 열정을
정밀하게 다독이는 의식
겨울 식탁은 싱싱하게 살아나
생명의 환희를 펼친다

억새 그 꽃다운

억새가 언덕에서 바람에 흔들리며
가는 여름을 아쉬워 노래한다
날갯짓하던 새가 날아가면
억새와 나는 외롭다

둘이 남아 외로움을 느낄 때
그때가 큰 외로움이다
옆에 있는 이에게
아무런 느낌을 느끼지 못할 때
그때가 진정한 외로움이다

그대의 시원시원한 풍채가 멋있어도
억새 앞에 서면 하나의 풍경일 뿐
꽃이 별것인가
억새도 바람 앞에 최선을 다하며
그만의 꽃을 피운다

다들 억새꽃 핀 언덕에 모여
운명적 만남이라며
인생 언약의 초석을 다진다

처서 즈음

태양열이 내리쬐는 열기에
온몸이 붉게 익어 가는 매운맛
하늘은 인정 없다

따고 또 따는 고추
돌아서면 또 붉어져
어느덧 팔월 한 달이 붉게 간다

동쪽 들판을 가로질러 가는
하늬바람 꼬리 따라
하늘 위로 솟구치는 열기

지상의 모든 외로움이
제 몸에 몰려들어
고추는 혼자 붉어지고

뜨거운 매운맛을
치곡치곡 향기로 쌓는데
서늘한 기운이 저녁놀에 따라 든다

소녀의 장미

장미의 계절을 지나
폭염의 칠월이 시작되는데
경춘선 폐선로에 장미
붉은빛을 뿜으며 행인들과 눈 맞춘다

엄마와 걷는 여학생이
12월에도 꽃이 피는
특별한 사계절 장미란다

마주 보는 겹잎이 깃털 모양
원산지는 중국
친절하게 설명까지 곁들여 가르쳐 준다
정말로 그런 장미가 있을까

계절 내내 피고 지고 항상 핏빛일까
의심스러워 다시 물어봤지만
어린 학생이 진지하게
사계절 장미로 겨울에도 꽃을 피운단다
“그래, 그렇구나”
고개를 연신 끄덕이며 듣고 있다

오월에만 피고 지는 줄 알았는데
권대기 없이 사계절 내내 피우는 꽃
오십 년을 함께 산 우리 부부도
장미 앞에서 겸손해진다

천왕봉 아래에서

노고단을 12시에 통과하고
13킬로를 걸어 연화천 대피소에서 1박
장터목 대피소로 향하는 길 세석 대피소

고등학교에 들어가기 위하여
초등학교 졸업하고 중학교를 거치는 순서처럼
장터목 대피소 3킬로 팻말에 힘이 솟는다

온몸을 비틀며 걸어온 길
세석 대피소 50미터라는 팻말
감사합니다, 고맙습니다
힘는 산 걸음이 새삼 뿌듯하다

약수는 그간의 피로를 확 날려 버리는 다디단 감로수
약수가 콸콸 솟아나 피로를 씻어 준다

장터목을 앞에 두고 솟아 있는 천왕봉
영신봉은 산새 소리에 입을 닫고
창터목 대피소부터 차근차근 밟는다
새벽에 올라야 할 천왕봉
하늘 아래 우뚝하다

새벽, 화진포

칶캄한 장막 속에 혼자다
어둠을 등에 업은 파도가
철썩 철썩거리는 소리
내 걸음은 모래밭에서 헤맨다
앞을 보고 옆을 봐도
검은 황소가 출렁이며 덮쳐 온다
길은 어둠 속에 있는 듯
사람들은 백사장에 싸움을 벌인다
폭죽을 터트리며
광란의 장작불 피워 올리지만
어둠은 없는 길을 조금씩 만들어
뚜벅뚜벅 나에게로 온다
시간이 지나며 오래된 친구처럼
길이 보였디
한판의 싸움에서 이겼다
드디어 바다는 품을 열었다

연화천 대피소 가는 길

지리산 종주 길에
성중종주길이라 이름 붙이고
길 없는 산에 길 만들며
걷고 또 걷는다

녹음은 짙어 풀 냄새 그윽하고
반겨 주는 산새 소리
산바람은 땀을 식혀 시원하다
더없이 맑고 화창한 날씨에
발바닥은 화끈거리며 불이 난다

어머니 품 같은 산
봉우리와 봉우리가 연결된 능선 따라
길을 만들며 산을 넘어
연화천 대피소 가는 길
걸음마다 숨소리 거칠다

산허리에 만들어 놓은 둘레길과
나란히 종주하는 등산객들이
중앙을 갈라 만났다가 헤어진다

마지막 산이라고 올라간 산
그 앞에 또 웅장히게 솟은 산
포기하고 싶은 마음을 주워 담고 오른다

참고 올라간 정상에서 내려다본
언덕 아래 펼쳐진 연화천 대피소
군인들이 몸을 푸는 막사 앞에
버너 소리 요란하다

오름의 고행길에서 찾은
삶의 목표를 확인하고 다시 내려가는 길
등줄기에 흐르는 땀이 뜨겁다

물안개

새벽잠 못 이루고 밤새도록 흐르다 지친
물안개 고단한 몸을 푼다

한 무리 염소 떼 같은 잿빛을
모두 품어 안고 누우면
차들이 그 속으로 뛰어든다

동트는 시간 빛이 어둠을 몰아내어
모두가 한 몸이다
힘차게 흐르는 한강이 큰물인 것은
실개천부터 서로 품어
한 몸으로 흘러서 온 까닭이다

일찍 일어난 새 떼가 가로등 불빛 지우고
헤드라이트 불빛에 강물을 세워
아침을 열고 있다

동트는 새벽빛은 차량 틈에서
창가를 비추는 따가운 빛이 되어
물안개를 걷는다

〈해설〉

살아 있음을 느끼고 존재하는 것이 행복하다는 기록

〈해설〉

살아 있음을 느끼고 존재하는 것이 행복하다는 기록

이오장(시인, 문학평론가)

삶이라는 숙제를 풀어나갈 때, 시는 어떠한 역할을 하며 도움이 되는가. 이 문제는 시인이라면 한 번쯤은 생각하는 일이다. 산다는 것, 살아 있음을 느끼고 지금 존재하는 것이 행복하다는 증명이 될 수도 있으나 존재한다고 행복하다는 사람은 없다. 산다는 것은 결국 선물과 같은 것으로 이 순간 평소 추구하던 쾌락을 갖는다면 그보다 더 좋을 수 없겠다고 할 수 있지만, 삶은 그것만이 아니다. 사람은 늘 어딘가에 매여 있고 겉모습에 신경써야 하며 자기와는 상관없는 시간표에 맞춰 산다. 그것은 현재를 살기 위한 방법이며 수단이다. 그런 이유로 어떠한 만족을 줘도 행복하지 않다고 한다. 산다는 것은 그냥 사는 것이 아니라 긍정하고 지속하는 것이다. 어떠한 제약이 없는 완전한 삶은 없다. 사는 건 적응하는 것 원하는 대로 이미 존재하는 환경에 우리 자신의 자리를 찾아가는 것이다.

이경구 시인의 시는 삶의 과정을 펼치는 예술이다. 어떤 시인의 작품이 전체 행복한 것만을 표현하거나 반대로 슬픔만을 표현한다면 좋은 시라고 할 수 있을까. 삶은 고통만 있거나 행복하기만 한 것도 아니다. 시인의 작품 편편이 삶의 행불만 그리는 한계에서 벗어나 그것들을 품어서 사람이 생각하는 이상세계를 꿈꾸게 하고 정신적인 안정을 주려는 목적을 가진다. 이것은 개인을 떠나 모두에게 영향을 미친다. 삶은 본질적이면서도 무상하고 무엇도 예측할 수 없으며 돌이킬 수 없기 때문에 오직 시의 정신세계에서 밝혀내고 펼치는 것이다. 우리가 원하지만, 우리를 불행하게 하는 것을 마주할 때 그것의 의문을 해소하여 훤히 길을 뚫는 것은 시밖에 없다. 시는 정신이기 때문이고 시 속에 삶의 모든 것을 담을 수 있는 그릇이 있기 때문이다.

시는 백면서생의 사치도 아니고 전유물도 아니다. 쓸모없는 것에 쓸모를, 행복을 예찬하지 않는다. 쓸모없다고 여겨지는 어떤 것도 사유하지 않는다. 시인은 오직 삶에서 고통을 받는 사람에게 정신적인 진단과 소견을 제시하는 것이고, 스스로 건강하다고 믿는 우리에게 병에 걸린 사실을 깨닫게 하는 표현력의 전개라고 할 수가 있다. 삶의 고통은 고통이 아니고 삶의 건강도 역시 건강하지 않은 것이 삶이므로 그것을 일깨우는 역할은 정신의 언어예술인 시밖에 할 수가 없다. 이렇게 본다면 이경구 시인의 작품은 의학적인 역할을 한다고 봐도 무방하다. 정념에서 벗어나지 못하는 인간의 고뇌를 시원하게 뚫어 주고 자신이 쥐지 못한 것이나 상상으로 바라는 것의 진실을 파헤치는 힘, 이것이 특징이다.

시인은 사랑과 행복에 대한 욕망을 포기하지 못하지만 포기하고 싶어도 그 방법을 모른다. 어떤 사람은 머리를 깎고 산에 들어가 명상하며 삶의 목적과 방향을 찾지만, 죽을 때까지 보는 것은 망상뿐이다. 이경구 시인은 농사를 지으며 삶의 새로운 활로를 찾고 아직 이루지 못한 것을 언어의 풀이에서 찾아 독자와 공유하려는 시를 쓴다. 삶은 어떻게 살아도 부족하고 충족할 수가 없으므로 오직 정신과 신체적인 수양을 하며 의문의 삶을 완화하는 진실의 시 쓰기를 한다.

1. 시작과 끝이 삶의 기록, 백전노장의 삶 펼치기

시작과 끝이 삶의 기록이고 산다는 것의 행복감을 펼치는 작품이 진실로 독자와 공감하는 작품이 된다는 것은 널리 알려진 사실이다. 그러나 그렇게 작품을 써 내려가지 못하는 것도 사실이다. 그래서 아무나 시를 쓸 수가 있으나 누구나 시인이라고 하지 못한다. 이경구 시인은 6·25둥이로 가장 궁핍한 시절에 태어나 고난을 겪으며 살아온 백전노장의 삶을 살았다. 계절의 변화에 민감하고 이웃의 환경에 관심이 많으며 자연과 사람 사이의 변화와 합일에 긍정의 해답을 내놓는다. 이번 시집의 작품이 그런 것들의 이해와 해답 찾기다. 모두 사랑의 진실이 만들어 낸 결과물로 개인의 감성을 넘어 독자의 공감력을 바라는 안목으로 작품을 쓰고 있다.

처마 밑에 한생을 만든다
거꾸로 사는 세상은
한겨울 덕장에 걸린 명태일까
매달려 보는 세상이 아름답기도 할까
서로의 모습에 웃다가 원망도 하다가
이런 사랑도 삶일까

바닥이 우리에겐 하늘이다
아래로 자라며 우리의 꿈은 똑같은 바닥
꽁꽁 얼어서 더 아름다운 삶
한겨울에도 우리에게 추위는 없다
거꾸로 사는 생의 특권

겨울의 아름다움을 찾았다고
떠드는 아이들 앞에서 노래가 만들어지고
메마른 마음을 흔들고
– 고드름 고드름 수정 고드름, 고드름 따다가
발을 엮어서 각시방 봉창에 달아 놓아요 –

네기 기도 나는 남는다
나의 하늘을 보며 산다

–「살며 사랑하며」 전문 –

사랑은 모든 것을 포용하여 아름답게 만든다. 인간에게 사랑이 없다면 역사와 미래가 없다. 가족을 사랑하고 이웃을 사랑하고 연인을 사랑하다가 일생을 보내고 사랑 속에서 이루고 소멸한다. 그러나 자신을 사랑하는 것이야말로 진실한 사랑이다. 감정의 시작이 나로부터 되는 것이므로 나를 사랑하지 못한다면 남도 사랑하지 못한다. 시인은 사랑에는 방법도 방향도 없다는 것을 밝힌다. 거꾸로 섰든 올바르게 섰든 자신이 밝힌 등불을 꺼트리지 않는다. 바닥이면 어떻고 허공이면 어떤가. 변하지 않고 굽히지 않았다면 어떤 자세 어떤 방법을 써도 올바른 사랑이다. 그것이 시인의 삶이고 사랑법이다. 대관령 덕장에 걸린 명태가 황태가 되어가며 겪는 일은 추위에서부터 시작하여 얼음으로 맺는다. 사람도 고난에서 시작하여 끝맺음의 크기는 마지막에 잰다. 이것이 시인의 철학이고 삶이며 시의 시작점이다. 겨울에 쌓인 눈에서 농심을 잦고 사람의 원형을 보았으며 사랑이 떠나도 나는 남아 하늘에 사랑을 그리는 원심의 순수를 펼친다.

봉선사 앞뜰에 빛이 내린다
경건한 마음을 펼쳐
양팔 벌리고 서서히 기를 모아 앞으로 당겨
가슴에 담고 고개 숙인다
믿음이다
대웅전에서 뿜어져 나오는 빛과
하늘과 운악산이 맞닿아

붉은 노을 찬란함이 앞뜰에 노닐다가
두 사람 가슴 속에 연분홍의 바다로 빛난다
고개 숙여 믿음을 찾는 것이
평정을 얻고 하나의 빛으로 태어나는 것일까
훈훈하게 맑아지는 것은 선인들의 자리인 듯
잡인들은 저만치 앉아 있다
비바람 모진 풍파 견디고
뭇 백성들의 염원을 살피다 갈라진 손등
3층 석탑에 가슴을 태운 재로 얼룩졌다
인생의 흥망성쇠가
믿음으로 서로를 의지하는 두 마음
사천왕상도 비켜 앉은 이곳 뜰 앞에 서 있다
천 년을 지켜온 봉선사 광명의 빛으로 가는 길에
서로 이해하고 함께 손잡고 사랑이 걷는다

– 「사랑이 걷는다」 전문 –

걷는다는 것은 움직인다는 뜻이다. 움직인다는 것은 살아 있다는 것이며 삶의 진행이 멈추지 않는다는 뜻이다. 만약 멈추는 곳을 미리 알게 된다면 사람의 움직임이 변할까. 희망이 사라지므로 포기하는 예가 많다. 그러나 사랑의 걸음은 전혀 다르다. 사랑은 결과를 예견하고 무게를 측정하며 넓이를 재는 일이 아니다. 애틋하게 그리워하고 열렬히 좋아하는 마음은 하나의 대상이 멈추지 않는다. 항상 변화하고 움직임을 좇는다. 사랑은 민감하게 생각하고 감시의 대상이 되기도 한다. 그렇지만 시인의 사랑은 오직 하나의 목표만을 가지고 있으며 쉬지 않는 걸음으로 밭을 이뤄 낸다. 빛이 내리는 사찰 대웅전 앞에서 두 팔 펼쳐 믿음을 보여 주며 자비의 빛과 운악산과 하늘의 견줌에서 자신의 위치를 확인한다. 누가 뭐라고 해도 두 사람의 가슴에 연분홍 꽃을 피워 내고 믿는 만큼의 평정심으로 비바람 모진 풍파를 이겨 낸다. 부처의 사랑과 뭇사람들의 사랑이 포개지는 대웅전 앞에서 자신이 이뤄 낸 사랑의 꽃을 본다는 것은 환희를 넘어 득도의 세계를 보는 것과 같다. 부처의 사랑을 능가하는 사랑이 존재하지 않기 때문이다. 그러나 광명의 빛을 찾은 시인은 가는 길을 이해하고 영원히 멈추지 않을 사랑의 걸음을 옮긴다.

메마른 가지마다
이끌려 나온 마음이 수줍게 웃는다

삼라만상에 초대장 없이도
어깨 겨루고 앉은 살가운
네 모습

아직은 봄이라 할 수 없는
쌀쌀한 아침
뾰족이 내밀어 수줍어 더욱 아름다운 네 입술
오래된 내 입맞춤 생각하고 혼자 웃는다

지난해 꽃망울 터트리다 시샘하던
꽃샘추위 휩쓸고 간 자리
속마음 남은 말 터뜨리지도 못하고 헤어진 날
그날도 슬픔이 꽃말처럼 붉었다

나올 듯 밀 듯
겨울을 이긴 눈망울이
잃어버린 계절을 재촉한다

-「홍매」 전문 -

매화는 봄 문을 여는 계절의 심부름꾼이다. 눈 속에서 피어나 찬 바람을 이겨 내며 피운 꽃은 향기까지 짙어 겨우내 지친 심신을 달래 주고 계절의 변화를 실감하게 한다. 그중 홍매는 사랑의 전도사가 되어 잠든 감정을 깨우고 활기차게 움직이게 한다. 예로부터 선비들의 사랑을 듬뿍 받던 홍매를 보려고 수백 리 길을 걸어가기도 했다. 그런 홍매를 시인은 어떻게 보는가. 신체의 일부를 주고도 아깝지 않은 대상으로 인식한다. 삼라만상의 변화에서도 한 번도 변하지 않고 계절의 문을 여는 홍매의 빛에서 잠자던 사랑을 깨우고 쌀쌀하게 움츠린 감정을 활짝 피워 내, 마음에 품고 있던 붉은 정령의 사랑을 확인한다. 많은 세월을 보내면서도 구름에 걸린 달을 보듯 멀어졌던 사랑의 싹을 틔워 낸 힘은 어디에서 왔을까. 멀리 있었던 것이 아니고 잊어버린 것도 아니다. 다만 그 대상의 그림자를 대하지 못했기 때문이다. 하지만 홍매가 피었다. 정령의 사랑 빛으로 핀 홍매는 살아 있다는 것을 일깨워 주고 가야 할 길을 제시하여 시인의 가슴을 가장 뜨겁게 달군다.

2. 체험으로 얻는 감각기관의 활용

이경구 시인의 시 쓰기는 감각기관의 활용이다. 이것은 학습효과에서 나타나는 것이 아니라 개인의 능력 차이에서 얻어진 체험 효과다. 귀로 듣는 정보는 15%, 눈으로 본 정보는 25%지만 청각과 시각을 합치면 65% 이상을 발휘할 수 있다고 하는데, 시인은 보는 것과 듣는 것을 동시에 할 수 있는 능력을 갖췄다. 여기에 사유의 무게를 합하여 언어의 예술성이 있는 창작을 이뤄 낸다. 감각은 청각, 시각, 미각, 촉각 등 사람의 심신을 동원하여 느낄 수 있는 것을 말하는데, 이 중에서 가장 중요한 것이 청각과 시각이라는 것을 인식하고 보고 듣는 기능을 탁월하게 발휘한다. 이것은 많은 날을 살아오며 스스로 터득한 체험적인 요소가 강하기 때문에 얻은 결과다.

누군가 달의 거리를 쟀을 때
2월의 시간을 뺐을까
28일뿐
365일을 맞추기 위해 하루를 빼고
4년에 한 번씩 윤달을 둬 28일로 했다니
섭섭한 이월이다

봄이 온다는 입춘이 있고
얼었던 대동강 물 풀린다는
우수가 똬리 튼 2월
액운을 띄워 보내는 대보름이 끼어 있다
한겨울과 봄의 시작을 알리는 달
가운네 앉아서 겨울이 끝나고
삼월로 가는 살얼음을 밟고
징검다리 건너가면 봄이 있는 달
바로 3월로 가면 안 되는 달이다
겨울 방학 끝나고 시험도 끝나고
새 학년을 준비하기 위해 가는 달
아무리 조정을 잘해도
4년에 한 번 돌아오는 생일을
깜박 잊는 사람도 있어
놓쳐 버리면 서운한 달이다

–「서운한 달」 전문 –

1년 열두 달 중 2월은 28일 또 29일로 30일을 채우지 못한다. 달과 지구의 공자전 차이에서 발생하는 날짜의 차이를 극복하기 위하여 2월의 날짜를 한두 개 빼어 윤달의 기초를 계산으로 만든 것이다. 그러나 2월 마지막 날에 태어난 사람들은 자신의 생일이 없을 때가 있으므로 서운한 감정을 안 가질 수가 없다. 우주의 질서라 해도 개인의 문제는 형용할 수 없는 서운함을 준다. 대개는 28일, 29일 하지 않고 마지막 그믐으로 정하는데 시인의 생일은 아마 그날이 맞을 것 같다. 입춘이 들어 있고 새 학기가 시작되는 달의 첫걸음을 밟지 못한다면 어리둥절하기도 하겠지만, 우주의 변화를 깨트릴 수는 없다. 아쉽거나 섭섭한 느낌은 삶의 여러 곳에 산재한다. 주고받는 것이 없어도 바라게 되면 섭섭하고, 주고도 받지 못하면 섭섭하고, 받았지만 너무 작으면 섭섭한 것은 인지상정이다. 시인이 말하는 것은 태어난 날을 찾지 못한 섭섭함이 아니라 삶에서 그런 일을 많이 겪는 것에 대한 섭섭함을 드러낸다. 그러나 우주의 변화만큼 하겠는가. 이런 감각적인 시를 쓰기 위해서는 보고 듣고 느끼는 힘이 강렬해야 한다. 그것을 보여 주는 시인의 가슴은 넓다고 할 수 있다.

비틀걸음이 끌고 가는 수레
수북이 쌓인 빈 상자 위로
가느다란 노을빛이 쌓인다
신호와 횡단보도를 무시하고
도로를 가로지르는 폭주
노랗게 물들어 떨어진 은행잎이
가끔 수레를 멈춰 세운다

힐끗거리는 도로 녹색 신호등으로 바뀌자
벤츠 아우디 비엠더블유 제네시스
곁눈질하며 급출발한다
경쟁의 질주인가 삶의 경쟁인가

여러 차례 넘어지며 갈고 닦고
힘들게 목을 세웠는데
살 빠진 수레바퀴만 굴러간다

차곡차곡 쌓인 폐지의 무게가
많을수록 다리에 힘이 솟지만
도로에 달라붙는 바퀴의 비굴
산다는 건 높낮이가 없는 것인가

–「비굴한 바퀴」 전문 –

비틀거리는 세상 풍경에 살 빠진 바퀴가 만들어 낸 현상의 사회 모순을 그대로 밝혀 풀어내려는 시인의 의도가 강한 작품이다. 낡은 유모차에 폐지를 싣고 고갯길을 오르거나 신호등을 무시하거나 또는 인도와 차도를 가리지 않고 지나가는 장면은 우리의 부끄러운 단상이다. 세계 어느 나라에서도 볼 수 없는 우리만의 치부로 하루빨리 고쳐져야 할 병폐다. 우리는 산업화를 이루며 지금의 빈영을 누렸지만, 부모 세대는 오직 자식들에게 헌신만 하였을 뿐 자신의 노후는 아무런 대책을 세우지 않았다. 자식들은 당연히 그러려니 하는 서양 풍습에 물들어 부모를 돌보지 않는다. 그런 노후의 모습을 가진 사람들에게 자식이 있냐고 물으면 선뜻 대답하지 못한다. 그 고생을 하면서도 자식의 체면을 위해 밝히지 않는 것이다. 자신의 고생을 자식에게 돌리지 않고 바둥바둥 사는 모습이 유모차에 실린 폐지의 모습이다. 더구나 당연한 모습으로 치부하고 그냥 지나치는 사람들은 어느 나라 사람들인가. 고갯길에서 밀어 주기는커녕 죽으려고 환장했냐는 고함을 듣는 현실. 정말 비굴하지 않은가. 시인은 노을빛마저 가느다란 그런 모습에서 경쟁과 질주 그리고 삶의 역행을 보았지만, 가난은 나라님도 어쩔 수 없다는 사실에 자신의 비굴을 탓한다. 산다는 건 높낮이가 없는데 왜 이런 지경까지 오게 됐는지가 궁금할 뿐이다.

풀잎에 제초제를 뿌리던 것을 멈춘다
밤새 노랗게 피어
활짝 웃고 있는 얼굴
한참 보다가 걸음을 돌렸다
달빛 물들어 웃는 모습을
말라 죽게 할 수는 없다
한낮에 달 꿈 꾸게 하는 달맞이

해는 두둥실 떠오르는데
아직도 꿈꾸는 빙그레 웃는 입술
새벽이 내려주는 이슬 받아
화사하고 영롱하다

배추밭을 만들기 위해
메뚜기 여치가 노는 풀 더미에
제초제를 만들어 뿌리던 내 모습은
노란 꽃잎에 흔들려 어디로 가고 없다

선함과 잔인함이 자연에 젖어 정화되고 있다
환한 대낮에 찾아오는 저승사자를
달맞이꽃이 웃음으로 돌려세운다

– 「달맞이꽃」 전문 –

꽃 피는 소리가 있을까. 그 소리를 들은 사람이 있을까. 궁금해할 것이 없다. 어느 꽃이든 피는 소리를 낸다. 사람이 그것을 듣지 못할 뿐이다. 그러나 소리를 들을 수 있는 꽃이 있다. 연꽃과 달맞이꽃이다. 둘 다 밤에 피므로 소음이 없는 곳이라면 들을 수가 있다. 그 소리는 어떤 소리일까. 이 시를 읽으면 된다. 시인은 농사일하면서 잡초를 제거하고자 제초제를 뿌린다. 그러다가 달밤에 피어나는 소리를 기억한다. 그런 꽃이 사라지면 다시는 달밤이 없다. 본능이 아린 이성적으로 제초제 뿌리는 것을 멈추고 달빛에 웃는 달맞이꽃의 미소를 떠올리며 한낮에도 달빛의 꿈을 꾼다. 그것도 능청맞게 꾼다. 달맞이꽃에 그리움이 들어 있기 때문이다. 농부는 잡초에 자비심을 깃지 않는다. 뽑고 뽑아도 자라나 농사를 망치기 때문이다. 그렇지만 잡초도 꽃을 피우고 재배하지 않는 달맞이꽃도 잡초일 뿐이다. 그런 잡초에서 사랑의 감정을 느꼈다. 밤의 환희를 주는 이유가 있어 언제나 빙그레 웃을 수 있는 꽃이기 때문이다. 농부의 선함과 악함을 논하거나 자연과 인간의 관계를 밝히는 것이 아닌 꽃과 사람의 감정 도화선을 만든 시인은 자연을 사랑하는 만큼 인간애의 정점을 높여 놓았다.

3. 현실에 맞는 답을 찾아가는 여정

이경구 시인은 사상을 정리하고 애매한 이해를 명백한 인식으로 이끌고 의식하지 못했던 정신적인 사실을 드러내는 목적으로 쓰는 것은 아니지만, 은연중에 그런 힘이 작용하여 사람의 정신을 일깨우는 작용을 한다. 사람들에게 최종적으로 그리고 결정적으로 의지할 힘을 주고 살아 있다는 것을 확인시킨다. 이것은 과거의 체험에서 이미 경험한 것을 지금 움직이는 힘으로 활용하여 실존적 작용을 하게 하는 힘에서 나온다. 어떤 실체를 표시하는 이름이 아니고 그야말로 하나의 고지식한 생각도 아닌 현실에 맞는 답을 찾아가는 여정이기 때문이다. 계절의 변화를 익히고 세계의 풍광을 경험하며 사람이 간직한 이야기를 풀어 간다.

찬 바람이 멈칫거리는 역

중앙 통로에 개나리 화분 하나
하얀 종이에 '봄'이라고 명찰을 달아 놨다
개나리가 아니고 봄

명찰을 달고 등교했던 일이 간이역에서
오롯이 벌어지고 있다
마음이 헐렁해지는 순간이다
통로 중간에 놓아둔 이정표 하나

따뜻한 겨울바람을 녹이고 있다

레일 위를 달리는 쇳소리만 들리는
역 구내
들고 나는 사람들 한구석에
누군가를 기다리고 있다

달리는 삶 속에
노란 은유가 활짝 피었다

－「간이역」 전문 －

쉼터가 없는 삶은 적막하다. 쉼터가 없다는 것은 사람이 없다는 것이며 사람이 없는 곳은 사막이다. 우리는 일상에서 쉼터를 찾지만, 간혹 지나칠 때가 많다. 쉰다는 것은 내일로 가는 힘을 기른다는 것이다. 농부의 간이역은 모정, 나그네의 간이역은 주막, 기차의 간이역은 그야말로 초라한 쉼표가 있는 역이다. 예전에는 번화했으나 영화의 세월이 흘러 간이역이 된 역사는 많다. 그런 역에는 기차가 서지도 않고 일주일에 몇 번 무궁화호가 쉬어 간다. 시인은 지금 간이역에서 삶의 역사를 읽고 있다. 그리고 재미있는 글을 발견하였다. 개나리 화분에 봄이라는 명찰을 달아 개나리가 봄이라는 뜻을 밝힌 문구에 머리를 '탁' 친다. 그렇지, 이런 재치가 있어야 사는 맛이 나지, 시인도 아니고 문장가도 아닌데 그런 재치를 어떻게 부렸을까. 삶의 이정표를 가졌기 때문이다. 그게

여유고 관대하다는 뜻이다. 쉿소리가 들리는 역 구내에서 누군가를 기다린다는 것은 환상적인 일이다. 그런 장면에서 삶의 이정표를 세우고 노란 은유의 글귀를 찾아낸 시인은 현실에 맞는 여정을 향해 쉬지 않고 달린다.

토란잎에 물방울이 구른다
떨어질 듯 떨어질 듯
여린 잎에 구르면서 빛을 내고 있다

유난히 영롱한 빛구슬
잎과 물은 서로 배려심이 깊어
꽃 피우지 않고 허공 한쪽
빛의 온기를 받아 공간을 펼친다

꽃보다 더 아름다운 빛의 굴절
잎에 흡수되지 않는 지조
자존의 아름다움으로
바닥을 차며 구른다

햇빛을 모아 주는 토란잎
미끄러짐에 삶을 펼치는 물방울
어울림으로 이뤄 낸 화합의 장

흔들려도 넘어지지 않고
굴러도 떨어지지 않는

인력의 끈에 묶인 우리의 모습이다

– 「빛의 굴절」 전문 –

지구에 직선이 있을까. 우리가 직선이라고 하는 건 끝에 다다르면 곡선으로 제자리에 돌아온다. 지구가 둥글고 우주가 둥글며 태양이 둥글기 때문이다. 그러나 빛은 직선을 고수한다. 어떤 상황에서도 빛은 곡선으로 끝에 닿아서 소멸한다. 일상의 빛은 어떤가. 곡선과 직선 또는 반사적인 45도 각을 이루기도 한다. 사람이 빛의 굴절을 보는 것은 대부분 이것이다. 어느 곳에 부딪쳐 휘어져 나오는 빛, 그것이 빛의 굴절이다. 시인은 그것을 비워낸 후 토란잎에서 보았다. 연잎이나 토란잎은 수분을 거부한다. 물방울이 떨어져도 고이지 않고 비켜 낸다. 구르는 모습을 본 사람이라면 그 아름다운 현상에 경탄을 면치 못하는데 시인은 거기에서 더 나가 빛구슬의 영롱함이 품은 빛을 감아챈다. 정도껏 커지면 굴러떨어지고 다시 고였다 굴러가는 반복 현상에서 무게의 질량과 원의 이치를 보았다. 잎에 흡수되지 않는 지조, 비닥을 치는 용기, 햇살을 품는 너그러움을 보고 우리의 삶이 저와 같다면 무엇을 이루지 못할까 하는 상상을 한다. 흔들려도 넘어지지 않고 굴러도 떨어지지 않는 불굴의 움지인에서 인력의 끈에 묶인 우리의 모습을 본 것이다.

종로3가역 지하광장에 검버섯을 키우는 사람들
하나둘 모여든다

바쁘게 지나가는 걸음에
동냥하듯 말 걸어 접힌 귀를 열고
구석구석에 돌아다니는 허름한 말 주워 담는다

갈 곳 없는 말들이 모인다
세상 이야기를 주고받아 소통의 언어를 구사한다
혼자 남은 외로운 말들이나 관절이 아픈 말들
들판의 살구꽃까지 눈길 붙들어 맨다

이대로 주저앉아 꽃만 보고 살 수 없을까
환한 꽃그늘 속에 눕는다

고향 하늘이 환하다 허리 구부러진 말들이
외로운 아픔을 달래며
따뜻한 동굴 속으로 들어와 겨울을 난다
장기판에 말 달리며 바둑판 칸 수를 헤아리며
남은 생을 견디고 있다

－「지하철의 말」 전문 －

지하철은 문명의 집합체다. 거미줄 같은 미로의 지하 터널을 달리는 것도 경이롭지만, 그 편리성은 헤아릴 수가 없다. 사람이 만든 최고의 건축물임과 동시에 최고의 과학 기술의 집합체, 복잡한 도심에 없어서는 안 되는 건축물 아닌 건조물, 지하철은 역사임과 동시에 현실이다. 그러나 이중성을 지녔다. 무임승차 하는 노령층의 놀

이터가 되어 할 일 없는 사람들이 모여든다는 혐오증도 가졌다. 특히 종로3가 탑골공원 쪽은 더욱 심화한 장소다. 시인은 그곳에서 검버섯이 피어나는 사람들의 일상을 본다. 접힌 귀를 열고 세상을 향해 웅변하고 서로 손가락질하며 탓을 하고 자기들이 이룬 세상에서 자기들이 설 사리가 없나는 것을 확인하는 이들의 발문 여낟이를 읽는다. 주저앉아 꽃만 보고 살 수가 없으니, 장기판에 매달려 서로를 위로하고 세상을 향해 불만을 토하는 모습에서 시인이 듣는 것은 여과 없는 하소연이다. 그러나 어찌할 수가 없는 현실이다. 장기판 칸 수를 헤아리고 바둑판의 세상을 읽는다고 무엇이 달라지는가. 그런 모든 것을 실어 나르는 지하철의 활약에는 현재 진행되고 있는 급박한 율동이 있지 않은가. 시인은 지하철이 전해주는 현실을 타파하지 못하는 것이 안타까울 뿐이다.

4. 시를 쓰는 역사를 이루고 삶을 천착하는 체험의 힘

「민달팽이」 「타지마할」 「엄마 손」 「겨울을 배웅하다」 「지하철의 말」 등 시인 자신의 서사를 펼친 79편의 시에서 이경구 시인을 집중적으로 파헤쳤다고 해도 그게 전부가 아니다. 시를 쓰면서 살아 있음을 확인하고 존재한다는 것이 행복이라는 신념 아래 시작과 끝을 삶의 활력에서 찾는 시인은 백전노장의 역군이다. 이것은 철저하게 체험의 감각기관으로 펼치는 힘이 있어 가능한 일이고, 현실에 맞는 답을 찾아가는 여정이다. 이러한 것이 이경구 시인이 시를 쓰는 역사를 이루고 삶을 천착하는 힘이다. 앞으로 남은 일정에 많은 역작을 지을 것으로 기대한다.

이경구 시집
딱, 그만큼만

제1판 1쇄 인쇄 · 2025년 5월 15일
제1판 1쇄 발행 · 2025년 5월 20일

지은이 · 이경구
펴낸이 · 이석우
펴낸 곳 · 세종문화사
편집 주간 · 김영희

주소 · (03740)
서울 서대문구 통일로 107-39, 223호
E-mail: eds@kbnewsnet
전화 · (02)363-3345, 365-0743~5
팩스 · (02)363-9990

등록번호 · 제25100-1974-000001호
등록일 · 1974년 2월 1일

ISBN 978-89-7424-209-1 03810

값 13,000원